산이 건너오다

김설희 시인은 경북 상주에서 출생하여 2014년 ≪리토피아≫ 신인상을 받으며 등단했다. 경북여성문학회 회원. 숲문학회 동인. 막비시 동인. 현상시 동인으로 활동 중이다.

리토피아포에지 · 59
산이 건너오다

2쇄 2017. 4. 05 발행 2017. 4. 10
지은이 김설희 펴낸이 정기옥
펴낸곳 리토피아
출판등록 2006. 6. 15. 제2006-12호
주소 22162 인천 남구 경인로 77
전화 032-883-5356 전송032-891-5356
홈페이지 www.litopia21.com 전자우편 litopia@hanmail.net

ISBN-978-89-6412-080-4 03810

값 10,000

이 도서의 국립중앙도서관 출판예정도서목록(CIP)은 서지정보유통지원시스템 홈페이지(http://seoji.nl.go.kr)와 국가자료공동목록시스템(http://www.nl.go.kr/kolisnet)에서 이용하실 수 있습니다. (CIP제어번호 : CIP2017007841)

김설희 시집

산이 건너오다

리토피아
LITERATURE & UTOPIA

시인의 말

먼지들이
어디에 있는지도 모르는 정상을 찾아
소꿉놀이를 한다.

어느 입김에 사라질지 모르는
먼지인 줄도 모르는,

먼지들이.

2017년 3월
김설희

차례

제1부 이끼

환청 15
무릎 16
과녁은 너의 밖에 있다 18
안개, 자욱하다 20
초파리 22
딱따구리 24
물집 26
자리 28
벽 30
울음의 거리距離 32
산이 건너오다 34
밥줄 36
꽃들의 대화법 38
이끼 40
근성 42
안의 바닥 44
임시로 맛있는 집 46
피보나치의 수 48

제2부 밤낚시

코골이 같은 생 51

팬플루트 52

티켓 한 장 54

갈증 56

첫사랑, 그 곳 58

차가운 방정식 60

오리발 62

염쟁이 유씨 64

새는 사람을 적신다 66

사진 한 장 68

밤낚시 70

목련 가시나 72

냄새의 골격 74

꼬막 76

전선 77

기울다 78

두 선분의 끝이 마주하여야 균형 잡힌 모서리가 된다 80

기도 82

제3부 현장

현장 85
작은 것은 왜 드러날 수 없는가 86
잘려지는 풍경들 88
화합의 방식 90
툭! 92
암 93
마른 화분 94
주둥이가 하늘을 받들고 96
밤 98
승리는 어디에 있는가 100
스쿼시—싸움 101
가지 102
파일럿의 손 안에 104
저녁 106
우주신발상회 108
어린 엄마 110
어떤 눈 112
자동세차 114

제4부 골목

뒷면 117
어디에 매일까 118
액자 120
생각한다 122
별안간 124
발 그림 126
둥근 것들 127
뉴스 클립 128
가을 전화電話 130
2분 132
붙인 자리 134
골목 135
크로마하프 136
혼자 138
노안 140
짓 142
귀를 기울이게 하는 소리 144

해설/이경림: 현상을 따라가다 만나는 본질의 말 145
–김설희의 시세계

| 제1부 |

이끼

환청

손톱처럼 자라나던 어떤 소리 하나가
자정 너머까지 물장구질을 한다
평일에 들어보지 못한 언어들의 발자국이 깊다
앉을 자리를 찾아 떠도는 소리들이 잔뿌리를 내린다

듣지 않아도 들리는
가느다란 소리의 뿌리들이 빈틈없이 살아나고 있다

내 속에서 소리가 일어서고 있다
소리를 따라 거리를 누빈다

하늘 어디쯤에서 내어준 언습일까
바람의 넓은 등에 금방 지워질 기록을 쓴다

몸에서 몸으로 넘나드는 소리의 내면
거처도 없는 낱말들이 낯선 몸들을 건너간다

무릎

포장의 끝은 매듭이다

내용물이 둥글든 길쭉하든 사각이든
잘쏙하게 리본이 장식한다

리본을 나비의 시조라 해도 될까
어디든 날아갈 수 있는 비단

잠자리 소쩍새 메뚜기 두루미……
날개를 들어 자신을 옮기는 것들

당신의 몸 어디에 리본이 있어
여기서 저기로 꽃소식을 옮긴다면

활짝 날개를 펴고
내용 모를 소문이 닫혀 있다

마음 가는 데로 무릎이 난다
나비처럼 훨훨

저 무릎
어디로 건너가는 징검돌인가

꽃집 아가씨가 꽃다발을 묶는다
날개처럼
저 무릎

과녁은 너의 밖에 있다

화살을 장전하고 있다
팔을 들고 시위 당길 준비를 한다
네가 중심이다
중심은 과녁이 될 수 없다
과녁은 너의 바깥에 있다
과녁은 네모
과녁은 세모
과녁은 동그라미
나무도 풀도 과녁이 된다

시위는 저절로 튕겨나갈 수 없다
너는 네가 겨누는 반대 방향으로 최대한 당긴다
비록 화살이 과녁의 중앙을 빗나가더라도
안에서 밖으로 내지르는 소리처럼
안에서 밖으로 심호흡을 한다

네가 겨누는 과녁은 망망 푸름이 끓는 곳

사람이 많이 모이는 어느 행사장
밥이 무르익고 고등어 냄새가 골목을 적시는 햇살식당
누추하나 눈 맑은 사람이 말없이 집어주는 수저가 있는
식탁

여기, 팽팽하게 당겨진 화살이 날아가 꽂힐 자리까지가
우리의 거리
말랑말랑한 허공이 곡선으로 휘어질 거리
갈라지고 깨지고 분리되지 못할 거리

우리가 서로에게 쏜 화살처럼
휘어진 거리

안개, 자욱하다

높은 하늘이 낮아져 안개에 덮였다

빼대가 굵은 높은 빌딩이 물렁한 안개가 된다
길을 찾아 쉼 없이 구르는 타이어들
안개 속, 길은 도무지 알 수 없어
속도를 줄이고 신경을 곤두세운다

잠시 쉬어가라는 신호등이 있었던가
맘 놓고 건너가라는 횡단보도가 있었던가
길은 깜깜하다

윤기 흐르는 푸른 나무들
무거운 안개에 둘러싸여
햇살을 찾지 못하고 젖은 채 해맨다

무엇이든지 낚을 것 같은 낚싯대도
밥 냄새가 피어오를 것 같은 주방 가구점도

어디든 달려 갈 수 있을 것 같은 차들도
안개에 가려 보이지 않는 날

수많은 청년들이 일자리를 찾지 못하고 있다는
라디오 뉴스는
안개 속에서도 명징하다

춤 없는 노래, 짐승들의 울부짖음만 뚜렷한
캄캄한 이 한낮이
내막을 알 수 없는 수수께끼 같이 안개에 휩싸인다

산 것과 죽은 것이 함께 묻힌다

초파리

터진 살결에서 흘러나온 홍시의 울음이다

어디서 왔는지 초파리들이 우르르 몰려들었다

빈 배를 채우느라
파리채보다 큰 사람이 앞을 지나가도 모른다

굶주림은 밝은 눈을 어둡게 하는 마력이 있는 걸까

접시를 부뚜막으로 슬쩍 옮긴다
칼집은 컴컴하고 칼은 예리하다
그 곁에서 도마는 우두커니 서있다

멀쩡한 홍시를 고르는 사이
초파리들이 또 떼거리로 몰려들었다
옆에 칼날이 있는데도 초파리들은
빨간 뺨을 짓밟는다

홍시의 머리를 누른다
눈을 찌른다
해안 같은 옆구리에 입을 곤두세운다

몇 번 더 자리를 옮겼다
그럴 때마다 그릇 주변 소란은 여전히 둥그렇다
어디든 정확히 찾아내는 먼지보다 작은
위와 창자들

후
한숨에도 날아갈 것 같은

딱따구리

뻘 뒤지는 어부처럼 삽질을 해댄다
삽날에 잘려진 시간이
껍질을 뚫고 나무속을 파고든다
속을 끄집어내려 박에 구멍을 낸 듯한 곳을 집중적으로
찔러댄다

벌레를 낚으려는지
새끼를 낳으려는지

서 있는 뻘 한 그루와 부리가 맞닿는 정점에서
뼈 닳는 소리
들창을 돌아나가는 세레나데 같이
잎과 잎 사이 머뭇거리다
절벽 아래로 산산이 부서진다

겨드랑이 같이 오망한 집 한 채 생겼다

비바람 피할 수 있는 자리 하나 장만하는 것은
저렇게 수만 번 부딪쳐
주둥이 근처 센 털이 다 닳고
뾰족한 시간이 뭉툭해지고
뼈가 녹고
몸이 야위어져 작아진다는 것인가

그러나 생은 뜬금없어
사그라진 살과 뼈가 만들어 낸 그 집에
처음 보는 오색빼꾸기가 살아가듯이

물집

처음엔 그냥 입술 한쪽이 근질거렸어
찬 눈이 내릴 것 같은 예감이 들었어
경계도 없이 조금씩 넓어지느라 입술이 들썩였어
살갗이 부르터 오르는 만큼 통증도 자랐어

밖은 눈이 펑펑 쏟아지지
앞은 깜깜하지
바람 한 줄기가 쏟아놓은 말처럼
눈송이 앞뒤 없이 흩날리지

저 눈의 한 씨눈이
몸 속 구석에서 숨죽이다 살아나
진물 같이 뿌연 것을 채우고 있었을까
집은 더 높고 넓고 눈송이처럼 분열되고 있어
부풀대로 부푼 고갱이가 터지고 있어

누가, 부피가 팽창되면 결국 터진다고 했을까

〉

얼어도 곪아도
맞아도 찔려도
결국 터지게 되는 것

나의 밖에서 집 하나가 산산이 부서지고 있어
감추었던 발톱들이 다 보여
발들이 박차고 나온 자리에 암호처럼 흉터가

너무 깊이 박힌 심지는 감출 수가 없어

자리

돌멩이 아래 돌멩이만 한 그늘이 누워 있고
돌멩이 위에 깃털 하나 붙어 있다

어느 날개 죽지에서 빠져나온 것일까
동그랗게 말린 피가 날개의 그늘을 지운다

한 계절이 낯선 계절을 끌고 돌아올 때쯤
피 묻었던 자리가 원래의 상처보다 넓게 가려웠다

새것이 앉을 자리는 그렇게 미리 가려운 것인가
새살이 제 자리를 잡을 동안
상처는 얼마나 더 아프고 근질거려야 할까

제 몸을 띄워 올려야 허공의 냄새를 맡을 수 있는 새
깃털 하나, 빈자리 쪽으로 기운다

우두커니 깃털 빠져나간 자리를 생각한다

몇 년 전에 빈 아버지의 자리에
바람결보다 고운 숨결이 먼저 누워 있다

벽

누운 벽을 닦는다
밥풀 하나 묻지 않은 벽을 닦는다

물기가 눅눅한 길을 만든다
침묵이 습기처럼 가라앉는다

밥 먹는 사람도 다 먹은 사람도
밥상이 벽인 줄 모르고 나란히 앉아 반찬을 집적거린다

물수건의 언어가 멜라민 벽에 내동댕이쳐진다
물구나무를 선다
침묵이 용솟음친다
시간이 시간 밖으로 튕겨져 나간다

모두 문 쪽을 힐끔거린다
기다림은 왜 늘 문 쪽에 있나
〉

물컵을 들었다 놓았다 하는 동안
유리잔 속의 물이 몇 번 흔들리는 동안
몇 개의 벽이 음식으로 채워졌다 비워지는 동안

깨어진 약속이
누워있던 벽을 벌떡 일으켜 세운다

직각으로 선 벽은 골격이 단단하다

울음의 거리距離

허공을 찢으며 거처를 바닥으로 옮기는
도토리 하나

투둑

첫발 부딪힌 자리에서 간단히 운다
흘러내릴 때 흔들렸던 몸이
울음의 뿌리다

뿌리를 중심으로 울음들이 파문처럼 번져간다

울음의 고리에
겨울을 불러들이던 찌르레기가 멈칫한다
밟힌 낙엽이 몸을 뒤튼다
나무에 간신이 매달린 나뭇잎이 오슬오슬 떤다

멀리 갈수록 가늘어지는 울음들의 꼬리

〉

멀리 있는 것들은
멀리서 무슨 일이 벌어졌는지 모른다

보이지 않는 곳에서는
귀 작은 벌레들이
늦가을을 물고 뜀박질 중이다

산이 건너오다

속을 다 비운 산이 어디 먼데를 돌아 제자리로 왔다

그가 흘린 것들이 무엇인지
어디를 돌아 왔는지
아무도 모른다

당신의 가랑이를 슬쩍 지나간 바람 같은 것
당신의 정수리에 그림자를 드리우다 간 구름 같은 것
교통사고 현장에서 누군가의 피를 밟고 지나간 발자국 같은 것

그런 시간들이 그의 속이었을까

세상 감옥을 벗어난 물렁한 산 하나가 누워있다
산맥 같았던 핏줄이 얇은 살가죽을 겨우 들고 있다
가죽의 파랑사이 흙냄새가 물씬 솟아난다
헐거워진 아랫도리에서 계곡 물소리가 찔찔거린다

속을 다 버린 산에는 슬픈 새소리마저 사라졌다

벌거숭이, 누가 어디를 만져도 부끄러움이 없다

헐렁한 산은 이제 눈을 감고
지나온 대지에 깊숙이 뿌리박을 것이다
그리고 산은 다시 산으로 건너갈 것이다

밥줄

전동차 안에서 낚시를 한다

넓이와 깊이를 모르는 곳에서
먹을 것을 찾는 허기진 짐승이 낚싯줄을 던진다

가사도우미 베이비시터 입주 전문 기타 필요한 인력
쓰실 분 일 하실 분(고소득)

여자들의 허벅지에 수심이 깊다
미끼 끼운 낚시가 수심 깊이 드리운다

물결 일렁이는데
지느러미가 빽빽하다

전동차를 드나드는 화려한 비늘들도
말라비틀어진 꼬리지느러미도
비릿한 물고기의 이름을 벗어날 수 없다

〉

유유히 헤엄치는 강태공은
고기들이 떡밥을 물든지 말든지
던져야할 낚싯밥이 가방에 수북하다
많이 던져야 많이 걸려든다는 것이 그의 낚시 방식
물결이 잔잔하거나 파도가 일거나
그의 시작과 끝은 미끼를 던지는 일

그의 주린 창자의 극과 또 극을 이어주는 것은
저 붉고 굵은 고딕의 전화번호

꽃들의 대화법

테이블 위의 꽃들이 악수하며 눈빛을 맞춘다

꽃의 웃음을 까발리는 일이다
그가 먼저 백지에 찍힌 헛웃음을 꼭꼭 씹는다

그가 질겅질겅 씹은 뒤에
송곳니로 끓을 듯 야무지게 물어뜯는 또 다른 그가 있다
웃음이 점점 꽃의 입가에서 사라져 간다
웃음은 꽃잎의 이지러진 모양새에서
불편한 모양새로 자주 바뀌곤 한다

꽃의 생김새만 핥고 있다
꽃의 비의를 새기지 못한다

꽃잎의 수를 세어라
꽃술의 취기를 적어라
꽃잎이 떨어진 자리에서 이슬방울을 체득하라

〉

끝나지 않는 꽃에 대한 토론에
탁자 가운데 꺾인 꽃이 묵음默音을 하고 있다

이끼

비 그치고
수척하던 지붕이 부풀었다
지하도 언저리에 삼각그늘이 생겼다

그 그늘에 꽃이 피는 날은 일 년에 며칠뿐
박스에 누워도 이끼는 축축하다
알코올 향이 꽃술을 내민다

밤에서 밤으로 넘어가는 그들의 눈동자는
어떤 경고음에도 초롱초롱하다

깊이 들지 못하는 잠이 이끼들의 잠이다
잠 밖에서 잠들 궁리를 하는 사람들

물기에서 더 푸르게 번져가는 습관으로
사지에 가늘어진 핏줄을 일으켜 세워야 한다
〉

알몸은 다른 알몸을 경계하지 않는 걸까
어깨가 닿지 않아도 후끈하다

근성

떨어질지라도 다시 뛰어 오르는 저 성질!

좁쌀만 한 점으로 허공을 흩뜨려 놓는 고요의 방해꾼!

양말에 싸여 있는 불안을 문다

바지에 묶여 있는 자존심을 깨문다

나태를 베어 문 너를 벌레라 불러야겠다

그늘이 그늘 밖으로 벗어나려는 몸짓

골목이 다른 골목을 기웃거리지 않는 근성

나무 냄새 묻은 책으로 관념을 때려눕힌다

까맣게 탄 숨을 내려놓는다

높이 솟으려고만 한 그 족속의 오랜 습관이

비를 내리게 했다는 후문이 있다

안의 바닥

좁쌀만 한 가려움이 있는 것일까
턱의 종기를 긁고 있다
손톱이 날카롭게 안을 불러내고 있다

핏물이다

한 시인이 쓴 '불콰한 노을'을 생각하며
노을 속을 다 찾을 것처럼 할퀴고 닦고
할퀴고 닦아낸다
그러나 불그스레 핏물만 보여주는 종기

하얀 휴지 한 장이
찌그러진 붉은 꽃이 되어가는 중이다
곧 버려질 꽃

핏물이 그치고
작은 혹이 평평해질 무렵

끈적끈적한 진물이 흐른다

보이지 않는 안의 비밀이다

임시로 맛있는 집

청구아파트 앞 [맛있는 집]
쌈밥 된장찌개 내장탕 비빔밥……
맛있는 음식을 배달도 한다
신축공사로 그 집이 뜯겨버렸다
길 앞 다른 건물에 간판 대신 현수막이 걸려있다

[임시로 맛있는 집]

지나가는 사람마다 한 소리씩 한다
임시로 맛있으면 언제쯤 제대로 맛있는 집이란 말인가
맛있는 집으로 완성되면 임시는 무엇으로 변할까

그 집에는 무엇이 있는지 때가 되면 사람들이 떼로 몰린다

임시로 맛있는 집 임시로 들락거리는 사람들
임시로 반가운 악수 임시로 벗어놓은 신발들이 임시로 북적인다

임시로 살고 있는 지구에
인간들이 풀들이 해가 달이 짐승들이 꽃이 바람이
임시로 맛있는 집안처럼 임시로 거처하는 지금
우주의 손바닥 위를 임시로 걸어가는 발자국 소리가
금속 저금통 안에 동전처럼 소란스럽다

피보나치의 수

벚나무 홑겹 벗는 시간이다
두 겹에서 그와 내가 차례로 몸 벗는 시간이다
아직 벗지 못한 골목들은 근질근질 가렵기만 하다
그늘은 이제 다 벗었다고 드러눕는다

번식하는 바람의 숫자를 오래 묻어두면
골목들은 꽃으로 이름 지은 에움길을 만든다

내 안의 바람을 재다가 그가 흔들리는 것을 보았다

입술의 능선을 오르는 동안
나는 그가 가진 수를 잊기로 한다
어제 깎은 손톱은 조금씩 잎을 키우고 있다

피보나치의 수를 통과한 것은 꽃이 아니라 향기다
그가 내게 보여준 웃음이고 울음이다
벚나무가 벗어놓은 껍질을 내가 입은 것이다

| 제2부 |

밤낚시

코골이 같은 생

짐 한 덩이

놓았다가 들었다가

놓았다가 들었다가

놓았다 들었다

놓았다 들었다

밤새도록

팬플루트

나무들이다
뿌리 없는 마른 나무

그의 입술이 닿자
어느 쓸쓸한 오후의 바람소리가 난다

저 죽은 것의 심장에
무엇이 건너간 것일까

톱날에 잘려지던 때
내지르지 못한 단말마의 숨이 저리 순하게 삭은 것인가

어디 깊은 데서 솟아오르는 샘물소리 같다
횡격막을 가로지르는 소리

고공 타워크레인에서 아슬아슬 흔들리던 비정규직 같이
아득한 터널을 헤쳐 나오는 소리

〉

잘려진 것들은 소리가 된다
목청껏 부르는 노래가 된다

티켓 한 장

얇은 표 한 장이 있었다
가방 속에 있었다
버리고 싶지 않은 기억 같은 것이었다
비행기의 이름과 좌석번호와 출발시간이 적혀 있는

우리는 그 별에 가기 위해 한동안 수전노처럼 돈을 모았고
설레며 꿈꾸었고
가방 챙기며 달력에 동그라미를 쳐갔고
예술가가 상상으로 작품을 만들 듯 우리는 생각을 키웠다
우선 비잔틴문화와 컬트에 대해서 이야기했다
대리석을 논할 때 누군가 응애암의 산은 숲이 되지 못한다고 말했다
그는 돌이 묻힌 산을 돌산이라 불렀고 그것은 돈산이라고도 불린다고 했다
성바오로 사원의 우람한 기둥을 말했고
기둥의 키만큼 낮아지는 하늘과
기둥 둘레만큼 메워지는 허공에 대해서도 말했다

비행기보다 느리게 나는 풍선을 타고 사진 찍는 모습을
상상하며 미리 손을 흔들었다

누가 비행을 파일럿의 손에 규정지어진다고 했는가
우리의 생각은 그저 부는 바람에 떠밀리며 날아다녔다

웃음과 범람하는 에너지와 엔도르핀이
거기 흰 종이에 깨알처럼 들어차 납작 엎드려 있다

갈증

세상은 링거 줄에 매달린 그녀의 맨살처럼 차고 하얗다
창밖이 병실에 흰 밥그릇보다 더 환하다
환한 쪽이 열 수 없는 창으로 보인다
창틀에 가려진 곳이 군데군데 보이지 않는다
좁은 창턱에 창백한 발을 올려놓고 그녀가 일어선다

링거 줄과 바닥이 좀 더 멀어진다
살아 움직이는 눈송이들의 발
눈송이 하나를 촘촘히 따라가다 길을 놓친다

한 장 남은 잎이 눈을 짊어지고 간신히 붙어있다
부러질 듯 휘어진 가지들이 공손히 받아든 저 차가움
그녀, 언제 떨어질지 모르는 것들에게 숫자를 매겨본다
내려앉은 것들의 적요를 본다

창에 머리를 박고 아득히 그녀가 보려는 것은 무엇인가
불 주사의 흔적 같은 것들이 가라앉는다

저 내려앉는 눈처럼 가볍고 불안한 음성吟聲이
투명한 창에 오소소 매달린다

첫사랑, 그 곳

람사르에 오른 늪입니다

가시연 노랑어리연꽃 소리쟁이 개구리밥이 살아가는 곳입니다
소금쟁이들이 긴 다리로 물의 지붕을 긁으며 놀고
부들이 바람 앞에 부들부들 떠는 곳입니다
물속에 밝은 눈을 가진 물고기가
비늘을 빗질하고 아가미를 벌렁거리는 곳입니다
이따금 푸드득 물 밖으로 뛰어올라 물 냄새를 흩뿌리기도 하는 곳입니다

연꽃 필 때 연뿌리가 더 실해지는 곳입니다
꽃이 밥이 될 것이라 미리 상상하는 곳입니다
늪과 언덕의 경계에 갈대가 무리지어 사는 곳입니다
며느리눈알과 며느리밑씻개가 늪의 영역을 넓히고
토끼풀이 파랗게 눈 뜨고
천 년 동안 느티나무가 수로를 지키고 있는 곳입니다

〉

거슬러 올라가면

단발머리와 상고머리가 발목이 시큰하게 빠지는 곳입니다

차가운 방정식*

구석구석 먼지를 빨아낸다
머리카락 살비듬까지 죄다 빨아낸다
라디오에서 차가운 방정식이라는 소설이 흘러나오고 있다

나는 우주선 타고 은하로 밀항하고 싶다
은하를 빨아내고 싶다
은하의 묵은 때를 힘줄이 튀어나오도록 닦아내고 싶다
그래도 남은 때는 공들여 촘촘히 김을 쐬우리라

은하의…… 이음매 사이에 낀 때를 천천히 문지른다
긁히고 찍힌 자국이 초승달 모양으로 남아 있다
무슨 뾰족한 것에 찔렸는지
오래 김을 쐬어도 잘 지워지지 않는 희미한 별자리
처음엔 티끌 하나였으리라

얼마나 오래 지나면 상처가 저렇게 초승달이 될까
초승달 모양의 발자국이

뚜구닥 뚜구닥 냉장고 쪽으로 가고 있다
은하의 방바닥이 거무스레하다

* 『차가운 방정식The Cold Equations』, 톰 고드윈, SF소설..

오리발

말을 할 때마다 오리발이 생긴다면
오리발이 많을수록 지위가 높아진다면

"안녕"
옆집 301호 아줌마는 오리발이 몇 개나 될까
볼 때마다 으흠 으흠 헛기침하는
502호 아저씨는 어디에 오리발을 숨기고 있을까
오른쪽 주머니?
왼쪽 바짓단?
양 발바닥?
아니면 손금? 그것도 아니면 심장?

스크린에는 샴푸광고 신선하다
한 여인의 머리카락을 나부끼게 하는 저 바람은 오리발이 몇 개일까
진짜 현미 식초라 쓰인 저 식초는 오리발이 몇 개일까
오리발을 감춘 구두들이 뒤뚱뒤뚱 지나간다

오리발이 돋아나려는지 사타구니가 근질거린다
오리발들이 노 젓 듯 미세 먼지 속을 떠가는 오후

천길 아래 진실이
뱀처럼 혓바닥을 날름거린다

염쟁이 유씨

그는 삼십년 째 무대에서 염을 한다
사자의 밥으로 쓸 쌀 찾으러 간다며 병풍 뒤로 가서는
붉은 모자를 쓴 아들이 되었다가
백발의 아비가 되었다가
허공에 두 사람의 유령으로 펄럭이다가
꺼이꺼이 곡을 하다가
한탄을 하다가 문득
넋 놓고 보는 관객을 불러 세워 한풀이를 하기도 한다

그의 소품은
사람의 형상 하나
알코올
쌀 한 줌
소주 몇 잔
수의 한 벌
한 움큼의 솜
〉

그가 형상의 뻣뻣한 몸을 꾹꾹 눌러 관절마다 반듯하게 펴는 동안
관객들은 한낮처럼 고요해지고
형상의 몸, 여덟 개 구멍마다 흘러나오는 한 생 썩은 물을
솜으로 틀어막고 마지막으로 항문까지 막을 때
곡소리 곡소리
관객의 웃음 같은 곡소리

여보게 이 몸뚱이가 썩은 물이었네 그려
이 퀴퀴한 냄새를 막고 있던 피부는 사기였네 그려

수천 년 썩은 물이 걸어다니며
학생이 되고 선생이 되고 계장 되고 과장 되고 부장 되고 사장 되었다가 마침내는
송장이 되었네 그려

제 형상 앞에서 그가 운다
오늘치의 각본대로 운다

새는 사람을 적신다

는개가 온다

방앗간 지붕 난간에 앉은 새 한 마리
날개를 접고 허공을 깨물고 있다
짹 짹……
새소리에 귀가 젖는다
생각이 젖는다

눈물 콧물 흘리며 매운 고추 담긴 양철통을 툭툭 치며 우렁우렁 집을 울리던
방앗간 주인, 발을 헛디뎌 휠체어 신세에 요양병원 간지 언제든가
어느 산 아래서 요양을 하는지
발길 한 번 옮기지 못한 곳을 생각할 때

방앗간의 떡 익는 냄새가 골목에 머뭇거린다
어둑함이 길을 오래 가두고 있다

〉

는개가 가랑비로, 소나기로 몸을 바꿨다
새는 소리를 들고 어디론가 떠나고 없다
내 귀는 텅 비었다
내가 문득 무거워졌다

사진 한 장

사각의 하늘이다
꽃잎 한 장이 걸린 하늘이다
구름에 십자가가 걸린 하늘이다
꽃잎과 구름과 십자가가 평등한 하늘이다
백지가 구름과 십자가와 꽃잎이 된 하늘이다

소녀가 엄지와 검지로 그것들을 집어 든다
하늘의 모서리가 손톱 속으로 사라진다
손톱 두 개만 유화처럼 화려하다
손가락을 치우면 모서리는 모서리가 되리라
직각이든 예각이든 귀는 날카롭다
그 속의 하늘 구름 십자가
모두 가장자리는 단호하다

냉정히 끝을 잡으니
문득 각이 각을 숨기고 유순해진다

사각의 속을 겹겹 포개진 하늘이라 하자
사각은 그래서 깊다
그것들이 시간의 늑막을 찌르며 오지 않을 날짜를 회억하게 한다
모난 것들이 둥글어지는 순간처럼

밤낚시

저 망망대해를 차라리 어둠이라 해야 하나
어둠이 익을수록 낚싯줄은 보이지 않는다
다만, 저 멀리 야광찌만 한 어둠이 반짝거린다
찌는 둥글게 출렁이다 반쯤 잠긴 몸으로 흔들리다가 남서쪽으로 조금씩 밀려난다
아니 어둠이 둥글다가 반쯤이다가 남서쪽으로 밀려가며 깜박거린다
물발이 밤을 밀며 습관처럼 옥신각신하는 동안
바다 한 구석에서 강태공은 깊은 물속처럼 깜깜하다
원시의, 바위 같은 저 사람은
안 보이는 끈으로 별 하나를 바다에 띄워놓았다
이 암흑 속에서 낚아챌 무엇이
그의 예리한 시선 쪽으로 쏠린다

사방에서 고기들이 모여든다
어둠들이 반짝인다
높고 낮은 파도가 원시에 부딪히는 그 곳

〉

그의 헤드라이트가 켜진다
고기 한 마리가 유성처럼 어둠을 그으며 툭 떨어진다
바다보다 더 까만 것이 푸드득거린다
검은 아가미가 할딱거린다
어둠이 묵직하게 가라앉는다

목련 가시나

작년 가을, 집 나간 그 가시나
집에도 못 들어가고
마당 구석에 우두커니 서 있던 가시나
비썩 마른 몸에 겨우내 각질만 쌓이더니
지나가는 눈비에 발목 젖고 무릎 젖고
어느 날부터 시름시름 앓더니
겨우내 독이 올라 살갗이 다 헐도록 추위와 맞서더니
눈 녹고 꽃샘바람 한 줄기 맵차게 다녀간 뒤
슬슬 담 넘어 온 손이 그 가시나 쓰다듬더니
문득 맨발에 종아리 정강이
온몸에 물오르더니
머리카락이 부풀고 손톱이 부풀고
젖가슴이 부풀고
온몸이 풍선처럼 부풀어 오르더니
천지 사방이 톡톡 터지더니
그만
지나가는 새들이 그 가시나 사타구니를 드나들며 노래를

부르지 않나
  그 밑을 오가는 온갖 것들이
  뾰얗게 미친 그 가시나에 넋을 잃는 거라
  참 환장할 봄날이었지

냄새의 골격

얼룩은 둥글고 짙고 번져있다
몇 년 동안 키운 행복나무 화분을 치운 자리
얼룩을 지워야 한다

성능 좋은 시너를 솜에 묻혀 닦는다
닦을수록 장판의 대나무 무늬만 흐릿해질 뿐
얼룩은 화석처럼 되살아난다

더 많은 양을 묻혀 닦아본다
얼룩은 여전하고 시너 냄새만 진동한다

방안이 시너 냄새에 갇혔다
눈이 감기고 목이 칼칼하다
눈을 다시 뜨려면 이 냄새를 지워야 하는데
숨을 다시 쉬려면 이 향기를 지워야 하는데

주문을 외우듯 환풍기가 돌아간다

냄새가 환풍기 쪽으로 달음박질 한다
응집된 시너 덩어리가
환풍기 날개에 자잘하게 잘리고 있다
분해된 것들은 허공으로 날아간다
발자국 하나 없이 간다
안이 밖으로 건너가는 동안
덩어리가 먼지가 되는 동안
각인된 얼룩은 차갑고 고독하다

이 냄새의 골격을 지우려면
거침없이 환풍기를 틀고 문을 활짝 열어놓아야 한다

낮이 밤이 되도록
밤이 낮이 되도록

꼬막

뜨거운 물에 나를 떠밀었어
온몸이 오그라들었어
나도 모르게 펄쩍펄쩍 뛰었어
뭔가 무서운 속력으로 빙글빙글 밀려왔어
난 그것에 잠겼어
당신은 그렇게 한 방향으로 저었지
나와 다른 내가 부딪치는 소리
와가락빠가락아가락바가락
그 소용돌이 속에서 나는 팽창했어

완강히 다물고 있던 나의 입이 쩍 벌어지고 말았어
단번에 우르르 쏟아졌어
나의 팔다리눈코입귀손발오장육부가
나의 원심이었던 것들이
거짓말 같이

전선

예고도 없던 정전이다

먼저 혼자 중얼거리던 TV가 죽었다
온갖 푸성귀와 고기로 내장을 채운 냉장고도 죽었다
온수와 냉수를 만들어내던 정수기도 죽었다
무선전화기는 선채로 죽었다
에어컨은 지난여름 이후 죽어 있었지만 다시 죽었다
죽음은 어둠보다 적막했다
믿을 건 벽에 붙은 스위치 몇
더듬더듬 그것을 찾아 켰다꼈다 해 본다
이 벽 속 어디쯤에서 연결이 끊겼을까

저절로 내려간 두꺼비집의 스위치를 올려보는데
갑작스레 전기를 빨아들인 것들이 혼란한지
여기저기 빨간불 파란불이 켜지고 경고음들이 요란하다

한 줄에 연결된 것들은 이렇게 함께 살고 함께 죽는다

기울다

예고에도 없던 소나기다
처마 밑에 서서 바람의 방향을 기웃거리다
한 발 물러서고 또 한 발 물러서고
어두운 하늘
등 뒤에는 벽이 단단하게 버티고 있다
벽도 나의 등을 보고 벽처럼 서 있다

나는 벽 때문에 더 이상 물러설 수 없다
비가 쏟아지는 쪽으로도 갈 수 없다

시나브로 신발이 젖고 양말이 젖고 발가락이 젖는다
발목이 젖고 정강이가 젖고 무릎이 젖는다
번개가 번쩍 천둥이 우루루쿵
번개는 어느 쪽으로 사선을 그었을까

장대비가 소란하게 바닥을 쑤시다 물길을 만든다
가느다란 고랑이다

그 길로 케케묵은 먼지들이 황톳물로 흘러간다
처마와 멀어지는 저 빗물

어느 골을 기웃거리다 어떤 흐름이 되는 것일까

혓바닥이 긴 바람이 바다로 흠뻑 기울어간다
더는 물러설 수 없는 곳에서 나는 그만 비와 함께
바람 쪽으로 기울어진다

두 선분의 끝이 마주하여야 균형 잡힌 모서리가 된다

퍽,

유리문에 머리 박힌 새 한 마리, 가던 길을 틀어버린다
보도블록 바닥이다

피 한 방울 안 보이는데 바닥이 써늘해진다
엉겅퀴꽃 같은 소름이 와와 일어선다

날개 끝에서 바닥 사이가 흐르는 물처럼 길다
삽시간이다

그 속에서, 새 한 마리가
찬 바닥을 미친 듯 돈다
또 한 마리 엎어진 새를 두고 허둥허둥,
가까운 전깃줄에 올라 앉는다

〉

새의 무게만큼 허공이 출렁거린다

공중도 쉼터가 되는가
불안不安이 불안佛眼에 든다

낭창낭창 외줄을 건너가는 맨발의 구름
날갯죽지 늘이고 깔딱거리는 숨을 지나간다

날개도 꽁지도 고요한 곁을
오래도록 서성이는 선분 하나
균형 잡힌 모서리가 무너질 것 같다

기도

수술실 앞에 선 입술들이 바싹 말라있다
거치대에 걸린 모니터를 보는 몇 시간
멍하니 긴 복도를 보기도 손톱 끝을 만지작거리기도 하는 것은
간절함의 또 다른 말일까?
절정의 고요
숨소리조차 들리지 않는다

손을 모으고 집중하는
모니터 너머 그 어디
철렁거릴 가슴도 없는 사람들이 꽃을 피우는 곳
활짝 피지 못하고 오므린 꽃들이
두 손 모으듯 피는

| 제3부 |

현장

현장

하늘을 들었다 내렸다 하며 한 무리 순록들이 설원을 달린다
털모자를 쓴 남자가 올가미를 들고 놈들을 따라간다
발자국이 발자국을 쫓는 설국에는 지금
눈발이 먼지처럼 날린다
둘둘 말아 쥐고 있던 줄을 휙 던지는 사내
한 놈의 뒷다리 걸린다
빠르게 날아가던 나무들이 갑자기 멈춘다
비명과 소름이 걸려든다
순록들의 발끝에서 눈보라가 뿌옇게 일어선다
놈은 기를 쓰고 앞으로 달리려 한다
당기고 밀리는 순록과 사내의 사이로
칼바람이 불고 천형처럼 눈이 내린다
시베리아보다 차가운 삶의 흔적이 눈 위에 어지럽다

작은 것은 왜 드러날 수 없는가

강론이 시작되었다
고요가 세운 귀들, 그의 목소리로 기울어져있다
가운데 줄의 그녀, 갑작스레
손으로 입을 막고 옆 사람의 눈치를 살피며 조심 마른기침을 받아낸다
웅크린 몸이 숨죽인 울음처럼 쿨렁거린다

내뱉는 것이 작은 만큼 몸은 크게 들썩인다

이어 날개를 단 합창이 강당을 후후 돌 때
그녀, 우렁찬 노래 속으로 참았던 기침을 쿨럭쿨럭 낳는다

합창 속으로 사라진 그녀의 기침
소나기 쏟아지는 날
경광등이 새파랗게 질려 울며 달릴 때 빗소리가 들리지 않는 것처럼

겨울 산 속 가랑잎 쓰러져 누운 적막한 곳에
한두 방울 내려앉는 빗방울 소리가 허공에 깊이 묻히는 것처럼
큰 항아리 속에 든 작은 항아리처럼

모든 함성은 왜소한 근간을 흔든다

잘려지는 풍경들

막다른 여름을 녹이려 물가로 갔을 때
바위 같은 침묵 위에 앉아서 빵을 먹고 주스를 마셨을 때
흐르는 계곡물이 잠깐 고인 움푹한 곳에 물고기의 지느러미가 퍼덕거릴 때
온몸 흔들며 장난질하던 고 작은 물고기의 꼬리에 무엇인가 있었을 때

아이가 물속을 들여다볼 때
어머니의 노안처럼, 흐릿한 시간이 손톱깎이에 잘려 나갈 때
시퍼런 날과 날이 맞닿았을 때
무더위를 기억하는 길어진 손톱이 딸각 잘려나갈 때

바위를 스치며 지나가던 물소리가 뚝 끊길 때
뉘 의자가 되었던 바위의 넓적한 얼굴이 거무스름 저물 때

어디선가 잘려나간다

그날 치 풍경이 된 것들이
다시 풍경이 될 것들을 끌어당기며
딸깍

화합의 방식

방에 늙은 종이를 떼어낸다
수십 년 피어있는 목단 꽃대가 꺾이고
퇴색한 꽃잎 몇 장이 떨어진다
헐벗은 길도 곧은길도 다 사라진다

칼 든 도배장이는 입을 다문 채
개나리의 봄을 반듯하게 펴고
뒷면에 찐득찐득한 풀을 눌러 바른다

오래 붙어살려면 바닥끼리 잘 붙어야 한다고
밑도 되고 속도 되는 바닥

구석이 시작이라고
비운다는 것은 아래로 쓸어내리는 일이라고

구석부터 꾹꾹 쓸어내린다

귀퉁이에 숨어 있던 개나리가 피어난다
한 쪽으로 기울어지다 잘린 개나리들이
통째로 살아난다

그녀의 손바닥과 옷에 풀꽃이 아슴아슴 핀다
잇속처럼 하얀 배꽃도 핀다

공들인 줄기와 꽃이 자꾸 자꾸 늘어난다

툭!

햇빛 한 장이었다가
비 한 줄기이었다가
그믐밤의 막막함이었다가
떨리던 문풍지에 오그리던 손이었다가
다시, 몇 장의 봄이었다가
겨울 한 다발이었다가
일출 때 흔들리던 물결이었다가
일몰 때 숨어드는 산새였다가

노을이 산등성이를 불태울 때
간신히 붙들고 있던 햇살 한 가닥이다가

툭!

떠돌이 우주선 하나
흘러내려 바닥에 닿는 소리

암

그 씨앗은 어디에서 굴러 왔을까
그것은 왜 하필 심장 근처에다 자리를 잡았을까
펄떡펄떡 뛰는 심장소리를 물레방아 소리로 들었을까
그것은 언제부터 노래를 시작했을까
햇빛 한 줌 없는 곳에서
한 소끔 한 소끔 자리 넓혀갔을까

누구도 본 적 없는 뿌리로
누구도 본 적 없는 꽃잎으로
달콤한지 시큼한지 알 수 없는 맛으로
스크린으로 슬몃 보여주는 어둠으로
아니 검은 돌덩이로

눌러도 찔러도 감각이 없을 듯
어느 날 기척도 없이 피기 시작한
필 줄만 알고 질 줄 모르는

돌돌 말린 인연의 끈

마른 화분

담 구석에 화분 하나 엎어져 있다
화분은 없는데 꼭 분모양이다
둥글 길쭉한 분에 흙보다 뿌리가 더 많다
뙤약볕에 비스듬히 누운 그것을 세우니
화초 한 포기 말라 죽어 있다
흙이 뿌리들을 그러모은 채 딴딴하게 굳어있다
뿌리들이 흙을 안고 화석이 되어 있다
뿌리들은 침묵 중이다 돌처럼
발로 툭
그것들을 깨워본다
그것들 엉겨 붙어 떨어지지 않는다
분 안에서 자란 뿌리들이 가늘고 길다
아래로만 뻗어간 놈
내려가다 옆으로 가다 다시 위로 올라간 놈
화분의 둘레를 따라 둥그스름 길을 튼 놈
서로의 다리를 걸고
서로의 목을 조르고

주둥이가 하늘을 받들고

새 한 마리 전봇대에 앉아 하늘 한 번 보고

물고 있는 죽은 새를 콕콕 물어뜯다 하늘 한 번 보고

발아래 피 묻은 새털, 눈처럼 흩날리고

제 머리만한 몸을 벗겨내다 하늘 한 번 보고

남은 날개 쪼아대다 하늘 한 번 보고

밟고 있는 살점 거세게 찍어 대던 도끼 부리로
쿡쿡 하늘 한 번 찍어보고
쿡쿡 하늘 한 번 보고

몇 발짝 떨어진 나뭇가지로 옮겨 앉아
하늘 한 번 보고
〉

식육점 칼 벼리듯 수피에 부리 갈다
하늘 한 번 보고

뼈를 저미던 날카로운 부리로
제 몸보다 굵은 한 몸의 척추를
아득히 추락시키고

새 한 마리가
새 한 마리를
회쳐 먹는 날

피 칠갑한 주둥이만
하늘 한 번 보고

밤

세상은 밤이야
그림자를 해방시키는 밤

목을 누르고 칼 든 손에 거머리처럼 튀어나온 힘줄이
튕겨져 나간 밤
터진 고무줄 같은 밤
몰래 명의 이전한 땅문서를 장롱 속에 넣어두고
밤이라고 우기는 밤
정수리를 감고 도는 햇살이 쨍쨍한 밤

밤 속 같은 밤

멀건 대낮에 쓰레기로 가득한 가방 하나 들고
동굴 같은 지하철을 타고 어둠 속을 떠도는 밤
네모난 상자들이 흔들리며 흘리는 납작한 빛을 따라가는 밤

멀쩡한 장미를 제집에다 옮기겠다고 한낮을 톱질하는 밤

톱도 톱날도 안 보이는 밤
꽃의 피비린내가 햇살을 덮는 밤

밤의 그림자가 어둠인가

달아난 흉기의 발자국을 찾아낼 수 없는 밤

승리는 어디에 있는가

생밤을 와작 깨물었다
치료가 완성되기 전 가볍게 씌운 임시치아가 부러졌다
치과에서 입을 벌린 며칠이 부러졌다
씹을 수도 삼킬 수도 없어
입안의 것을 뱉어낸다
잘린 밤과 인조 치아의 색이 비슷하다
밤은 노랗게 살아있다
이는 신경 줄 하나 없는 인조다
산 것과 죽은 것의 대립
산 것의 승리다
아니다 죽은 것의 승리다
아니다

둘 다 입안에서 입 밖으로 쫓겨나온 추방자들이다

스쿼시

—싸움

공을 친다

벽에 부딪혀 튕겨 나오는 공

더 세게 때린다

벽의 옆구리가 파르르 떤다

벽의 고통이 꽃으로 피어나는 순간

좌르르 땀이 흐른다

꼭 공만 한 멍자국이 벽에 시퍼렇다

가지

남성이 자손 번성의 의무를 가진 것처럼
나무는 가지를 최대한 벌려나간다
첫 가지가 태어날 때쯤 꼭짓점 하나 찍고
또 다른 가지가 눈을 뜰 때 쯤 다른 각도의 꼭짓점을 만든다
꼭짓점이 늘어날수록 나무는 커지고
더 많은 꼭짓점을 앉힐 수 있다

어디서 날아왔든 새들은 가지에 앉는다
오래 꼬리를 털다가
이쪽에서 저쪽으로 줄타기하듯 미끄러지며 놀다가
다른 새를 따라 날아간다

어디로 날아가든 잎이 아닌 가지에 앉을 것이다

잎들은 가벼워서 신뢰를 잃어버린다

가늘고 굵고

높이 치솟고 낮게 처지고
길고 짧고

멀리 날아다니는 것들이 잠시 머무는 자리

파일럿의 손 안에

그는 떠나는 시간과
도착하는 시간을 예언하고
커다란 먼지 한 덩이를 몰고 간다

자잘한 먼지들은 제가 먼지인 줄 모르고
빵을 먹고 주스를 마시고 화장실을 들락거리고
얇은 천으로 만든 간이 신발을 신고
삐딱하게 앉아 멜로영화를 보고
연속극에 심취해 넋을 놓고
최신 뉴스를 듣고
게임에 빠진다

그 동안
그들의 발밑에는
산맥이 솟아오르고
산속의 짐승들이 입을 벌리고
시퍼런 바다가 처음 보는 파도를 끌고 오고

목화밭 같은 구름이 어디론가 흘러간다

한 번도 만난 적 없는 그의 안내방송을 굳게 믿으며
태곳적부터 그러했다는 듯
허공을 둥둥 날아간다

저녁

떨어진 산 복숭아 꽃잎이 벼랑길을 밝히는

계곡물 소리 산을 타고 높아지는

나무들이 물소리 쪽으로 몸 수그리는

나무를 건너가는 새소리 나직한

산이 제 둘레를 다 보여주는

돌탑에 하늘이 차고 들어 돌탑이 깜깜해지는

미물들 눈빛에 어둠이 깜박거리는

간이의자에 모였던 사람들 시나브로 흩어지는

창문마다 불빛들이 발돋움 하는

〉

듬성듬성 가로등이 눈을 뜨는

어깨처진 사람들이 집으로 모이는

저 건너 송아지가 가장 순하게 우는

무리지은 너불미기들이 휘리릭 차갑게 꼬리 끌며 가는

우주신발상회

한적한 사거리의 귀퉁이
현수막이 바람에 펄럭이며 사람들을 불러들인다
–신발원가판매-

번쩍번쩍 광이 나는 구두들
밑창이 튼튼한 런닝화들
빗물이 샐 것 같은 망사신발
크기가 제 각각인 마라톤화
굽과 색이 다른 방한화
높이가 약간 다른 등산화가 한 켤레처럼 묶여있다

더러는 짝이 맞지만 짝짝인 것이 더 많다
짝짝이 신을 신고 어디를 갈수 있을까

새 그림이 있는 운동화 한 짝을 들고 뒤적이다 드디어 짝을 찾은 남자가 싱글거린다

〉

금색 테두리의 단화를 들고 한참을 뒤적이다 문득 짝을 찾은 여자가 소리친다

찾았다!

지나가던 사람들이 하나 둘 모여들어 뒤적거린다
색 바랜 것 접착제가 떨어져 코가 벌어진 것
끈 자리는 있으나 끈이 없는 것……

뒤적거릴 때마다 흠을 보이며 밖으로 끌려 나오는 신들

제게 맞는 신 한 켤레를 고르느라
한 별의 하루해가 다 가고 있다

어린 엄마

'KBS 다큐 동행'

열아홉의여자가고등학교를중퇴하고스무살차의남편을따라무작정나왔는데생활비도주지않고들어온날보다외박하는날이더많았다얼결에아이를 낳았다

그여자운다아이들을시설에맡겨두고돌아나오며울고면회가서울고아이가고개를가눈다고울고다리에힘을주어선다고울고엄마라고부른다고울고일당삼만오천원짜리일을하다가울고

눈물에 구겨진 휴지 뭉텅이처럼 운다
반이 잘려나간 조각배처럼 운다
목 잘린 꽃송이처럼 운다
몸통은 없고 만들다 만 오리처럼 운다
기울어진 시이소처럼 운다
나무 한 그루 없는 섬처럼 운다

〉

운다
운다

어떤 눈

오징어 한 마리
두 눈알이 도려내진 채
수돗물 아래서 요리조리 헹구어진다

잘려진 눈알 잘려진 입
잘려진 다리가 폭포 같은 물줄기속에서 기억을 버리고 있다

성난 물결을 버리고 있다
먼데 등대를
익숙했던 섬을
삼각 지느러미를 버리고 있다
살갗에 배인 물맛을
빨판에 남은 해감을
한 낚싯줄을 벗어나려 먹물 토했던 시간을 버리고 있다
버리고 온 알들을 또 버리고 있다

개수대를 빠져나가는 길의 여운이 비릿하다

미처 떠내려가지 못한 몸의 한쪽이 개수통 언저리에서 서성거린다
핏발 선 흰자위가 동공을 동그랗게 떠받치고 있는,
눈 하나가 뚫어져라 천장을 보고 있다
천장의 파도무늬 속에서
집어등 같은 형광등이 빛을 뿌리는데
저렇게 오래 빤히 쳐다보는 저 신경 끊긴 눈

플래시 같은 저녁으로 옮겨가고 있다

자동세차

터널에 나를 넣자 물이 마구 쏟아졌어. 무슨 깃발 같은 것이 빌빌 돌며 내 몸을 닦아냈지. 내가 알 수 없는 손에 털리고 닦이고 하는 동안 나는 내 정신이 아니었어. 내 몸 구석구석을 돌고 물이 소나기처럼 다시 왈칵 쏟아졌지.

얼마나 지났을까. 누군가 앞쪽에서 손짓을 하고 있었어. 터널을 빠져나와 하늘을 보니 구름 한 점 없었지.

뒤에서
또 쉬리릭 쉬리릭 물 뿌리는 소리가 났어.
누군가 또 털리고 닦이는 중인가 봐.

| 제4부 |

골목

뒷면

뜬금없이 감기 한 입을 쿨룩 나에게 던졌다
나는 급해서 미간의 세로로 난 길로 받았다
길은 좁고 어둡고 단단하고 깊다
시커먼 감기가 콧등을 치고 입으로 콸콸 쏟아진다
어쩌면 몰래 미리 신열이 났는지도 모른다
그가 미친 듯이 목구멍을 타고 몸속으로 발길을 튼다
장마철처럼 나는 눅눅해지고 몸의 구석구석 곰팡이가 돋는다
자잘한 것보다 굵고 긴 것이 많은 그의 뿌리
깊이 박힌 늙은 뿌리가 작은 뿌리들을 자꾸 생산해 낸다
기생충처럼 내 속에 잠입한 그는 갈수록 세를 확장한다
나는 먼 산을 보며 작은 날갯짓으로 하늘을 나는
새들에게로 눈길을 돌린다
깃털이 습기 찬 밤처럼 무거운 날
다섯 가지 색의 무지개를 보는 날도 있다
감기에 굴절된 햇빛이 반사되면 무엇이 될까
미미한 구름덩이들은 다만 구름일 뿐
그러나 구름은 뿌리들을 부쩍부쩍 자라게 한다

어디에 매일까

퇴직하고 이런 식당이나 할까
퇴직이 다가온 그가
된장찌개를 먹으며 고민을 털어놓는다

장사하면 몸이 매이지
꼼짝도 못해

무엇이든 어디에 매여 있다는 생각

식당 벽에 꽃무늬 벽지가 매이고 벽지에 달력이 달력에 풀밭에서 풀 뜯는 소 한 마리 매여 있다
된장찌개는 뚝배기에 뚝배기는 받침대에 받침대는 상에 상은 바닥에 매여 있다
쇠못에 의자가 매이고 의자는 내 엉덩이에 나는 숟가락에 매이고 숟가락은 밥그릇에 매여 있다
구석은 벽에 매여 있고 벽은 천장에 바닥도 천장에 매여 있다

식당 외벽에 뜨락이 매이고 뜨락에 채송화가 매이고 채송화에 빨간 햇살이 그 햇살에 개집이 개집에 개 목줄이 매이고 개 목줄에 개가 매이고 개는 찌그러진 밥통에 매여 있다 밥통에 방금 지나간 여우비 한 모금 우그러진 채 매여 있다

투명한 고삐에 매여 있는 것들

액자

부부가 손을 잡고 원앙처럼 앉아있다
그 뒤에서 아들의 한쪽 팔이 어머니 어깨를 감싸고
아버지 어깨에 손을 얹은 여동생을 안은 듯하다

가족의 풍경에 수평선이 보인다

모든 중심이 있는 것들을 수평선이라 해도 될까
물속에는 중심을 잡으려 아프게 물질하는 것들이 있을 것이다
중력의 방향에 직각으로 솟구치며 맹렬히 퍼덕이는 것들이 있을 것이다

거실 벽 중앙에서
찻잔 속에 꽃잎처럼 활짝 핀 저 가족들

액자 밖에는
유방암에 뒤척이는 안주인이 있고

야간공부 마치고 돌아오다 눈을 다친 큰아이의 아찔한 교통사고가 있고
희망퇴직에 맥 놓은 가장이 있는데

그때마다 기우뚱거렸을 수평선을
바투 잡으려 끝없이 물질하였을
가족의 보이지 않은 발이

생각한다

달리는 저 기차를 집으로 생각하기로 한다
한 량 한 량을 한 채로 할까
매달려 가는 모두를 한 채로 할까

누가 타고 있는지
어디로 가는지
아무도 모르는 저 열차

나는 왜 아프리카 여인의 까만 눈망울을 떠올리는가
흰 이가 드러나는 검은 웃음이 떠오르는가
그것들이 멈출 어딘가를 생각할 때

머리 위로는 구름이 흘러가고
담벼락에는 백목련이 선 채로 달려가고
한 남자의 머리칼이 꽃잎을 슬쩍 치며 지나가고

흩어지는 구름을

아니 그냥 커다란 먼지덩어리를 헤아린다

벚꽃나무 한 그루가
꽃자리마다 꽃들을 들고 있다
너무 많아 헤아릴 수도 없는 것들 사이 하늘이 있다
수 백 수 천의 하늘

그렇게 자꾸 지나가는 것들을
생각하는 나를
생각한다

별안간

전화벨 소리가 밤을 울렸다

베스트콜인데요
어떤 더듬이가 귓속을 쩌렁쩌렁하게 파고들어왔다

예???

택시 부르셨죠?

아----니요
갑작스레 죽음에서 불려나온 내가
장롱 문갑 침대 책상이 뒤집어쓴 어둠 속에서 퍼덕인다

미안합니다
죽음을 깨웠던 소리가 다시 어둠으로 빨려 들어갔다

죽음에서 어리둥절 불려나온 나는

다시 죽기 위해 한참을 뒤척였다
새벽 3시 40분에

발 그림

이렇게 온 천지가 눈부신 날은
눈 덮인 길을 걸어보자
누군가 징검돌처럼 놓은 발자국을 따라가 보자
바람만 다녀간 눈 위에
뒤꿈치를 눌러놓고 그림을 그려보자
몸을 둥글게 한 번 돌려 해바라기를 만들어보자
빽빽한 씨앗의 자리에
뺨때리는 바람을 박아보자
커다란 나무 하나에 다람쥐 한 마리 그려보자
죽어도 달아나지 못하는 다람쥐
그때 햇살은 눈송이처럼 스쳐지나간다
신발 가장자리로 정교히 선을 긋고
발에 걸린 눈자리만큼 꽃들을 만들어보자
그림자도 없이 누워보자
햇살 퍼지면 금방 물로 돌아갈 것들과 함께
손발이 곱아지고 에이도록 그려보자

둥근 것들

건조대의 빨래를 걷는다
팔에다 바지를, 윗옷을, 수건을, 걸친다
빨랫줄에 매달려 뻣뻣이 마른 것들이 문득 둥글어진다

둥근 것들을 생각한다

우는 아이를 달래는 두 팔
새끼를 핥는 어미 소의 둥근 혓바닥
둥그렇게 지나가는 바람
밥 먹는 개의 등
늘어진 목덜미에 드리운 햇살
담 너머로 지나가는 아이들의 노래
집으로 가는 발자국들

활짝 핀 국화꽃잎이 오소소 움츠려든다
감나무에 새소리가 둥글어진다
종종거리며 뛰어가는 여자의 뒤꿈치

뉴스 클립

버스 안에 에어컨 바람이 세다
냉기 속에서 잠을 청해보지만 잠이 오지 않는다
옷을 꽉꽉 여미고 신문으로 몸을 덮는다

슬슬 내리는 증시를 덮어 쓴다
내년부터 혜택이 줄어든다는 연말정산을
임대료가 가장 많이 올랐다는 신천역을
폭등하는 인사동 상가를
수술만이 해결방법이 아니라는 척추질환을
형상 있는 모든 것은 허망하다
를 덮어 쓴다
영육쌍전의 교리를 덮어 쓴다
안정을 추구하는 노후준비 미래에셋을
진시황이 찾던 황칠나무 성분의 내일엔을
가슴이 뻥 뚫리는 카페 창업설명회를 덮어 쓴다

수많은 경전을 덮어 쓴다

어떤 경전도 그저

춥다
춥다

가을 전화電話

지금 부산에서 돌아오는 고속도로인데
오른쪽에는 강이 왼쪽에는 산이……
산들이 너무 예뻐서 눈물이 나네

……

저 울긋불긋 덧칠한 것들이
그 여름에 푸른 잎들일까

……

얼마나 흔들리면 저렇게 붉어질까

……

저 나무뿌리의 끝은 어딜까
그 끝이 시리지는 않을까

……

문득 노모의 마른 손에 불거진 핏줄을 생각한다
바싹 마른 아버지의 다리를 생각한다

베란다에 널어놓은 대추가 쪼그라들고
화분에 꽈리가 조금씩 퇴색되어 가고 있다

2분

버스가 2분 후에 떠난다는데
버스역이 코앞인데
신호등이 빨갛게 건널목을 가두고
어서 저 길을 건너야 하는데
여덟 시 막차를 타야 하는데

일곱 시 오십팔 분
비는 오고
표도 끊어야 하고
시간은 아스팔트에 떨어진 콩알마냥 데굴데굴 굴러 가는데
붉게 갇힌 이 빗금의 길
이 나무에서 저 나무로 풀쩍 건너뛰는 다람쥐처럼
나 우산도 없이 미친개처럼 막 달리는데
사방에서 경적소리 파편처럼 쏟아지고 불빛 깜박거리는데
신호를 기다리던 무리들
화들짝 놀란 눈들이 뒤통수에 우우 몰리는데

야유소리 내 뒤꿈치를 잡는데
그저 숨이 멎도록 달려야 하는

이 아득한 길

붙인 자리

합판 두 장 이어붙인 마루 하나 있다

합판 두 장이 마루가 된 건 언제였을까
못대가리가 마루를 문 채 녹물을 토해내고 있다
벌어진 틈이 검게 썩어있다

나무가 썩도록 눈이 내리고
나무가 썩도록 비가 내리고
나무가 썩도록 천둥 치고
나무가 썩도록 바람이 불고
나무가 썩도록 햇살이 내리고
나무가 썩도록 구름이 지나가고

저 두 장의
틈새를 자꾸 벌어지게 한 것은 무엇이었을까

골목

아가아!
아가야!
부르는 할머니
깡충거리는 아이

한 세대와 한 세대의 길에

한 노인이 물끄러미 이쪽을 보고 있다

크로마하프

스트라이프 무늬 속에 소리들이 사는데요
어떤 손가락이 무늬를 깨우면요

몸 흔들리는 소리
몸 뒤틀리는 소리
몸 찢어지는 소리

가느다란 현에 갇혔던 소리들 일어서는데요
호수에 오리 무리들 발짓소리 들리는데요
물가 수양버들이 물 위에 잠잠히 일어서는데요
축 늘어진 그늘이 한 오리의 길을 따라가는데요
물갈퀴들이 8분의6 박자로 저어가고요
소리들이 따라서 길을 내는데요
그 길로 버들가지가 따라가다 한 구름을 만나고요
그렇게 물 위에는 수만 갈래의 길이 생겼다 없어지고 또 생기는데요

〉

오리들은 어디쯤에서 돌아오는지
소리들은 어디쯤에서 돌아가는지요

혼자

월미도라 했다
맨발로 바다의 옆구리를 걷는다 했다

혼자라 했다

갈매기 떼들이 바다를 빙빙 돌린다 했다
두 마리가 바다에 민낯을 씻는다 했다
한 마리가 먼저 물을 박차고 올랐는데
다른 한 마리가 먼저 간 것의 꼬리를 물고 올랐다 했다

혼자라 했다

시퍼렇게 달려온 파도가
바위의 이마를 후려갈기곤
제 발자국을 지우며 달아났다 했다
바위는 멍으로 시커멓게 물들었다 했다
그래도 파도는 그 짓을 자꾸 한다 했다

〉

혼자라 했다

신발 쪽으로 되돌아가는데
모래들이 발가락 사이에서 길고 좁은 길을 낸다 했다

혼자라 했다
신에 발을 넣기 전엔 모래알처럼

어둠 스민 무인도처럼
혼자라 했다

노안

여보시오
왜 엄마
김씨네 싸를 부칫는디 전아버노가 업능그랑께
택배가 다시 전아오기로 해써이 버노 좀 갈키다고

공일공 다시 구육오공 다시 일이삼구
허허 천처이 헤야제
공일공 공, 일, 공,
구육오공 구, 육, 오, 뭐라꼬?
공 그랴 공,
일이삼구 일, 이, 삼, 구
다 적었으면 불러보셔
(시 낭송이나 할 것처럼 입 적시는 소리 들린다)
공, 일, 공, 구, 오, 육,
그게 아니잖아 엄마, 다시 해봐
(다시 입 적시는 소리 수화기 둘레를 돌아 사라진다)
공, 일, 공, 구, 오, 육, 이게 뭐더라

에이 안보잉다 연피리 꾸무리하네이
(혼잣말이 희미하게 내 귀로 건너왔다)
다시 공, 일, 공, 구, 오,
그게 아니잖아 엄마 공일공 구육이잖아
(내 커진 목소리가 전화기 속으로 둥그렇게 달아났다)
다시 해볼란다
공, 일, 공, 구, 오,
또 오래요 육이잖아 육, 돋보기를 써봐요
기다려래이
(어디서 눈을 찾는지 한참 후)
공, 일, 공, 구, 오, 오, 공,
다시 해봐 엄마
공, 일, 공, 구, 오, 육, 육, , ,

쌀은 언제 배달될지
미루나무처럼 커진 내 음성이 온 방을 울리며
전화기 선이 미어터지게 밀려갔다

창밖엔 엄마 눈 같은 어둠이 쓸쓸히 내리고 있다

짓

깔짝거리는
모기 한 마리 발로 밟았다
모기는 내 발바닥에 있다

습한 여름 노래를 길어 올리다
계곡물에 땀 식히러 온 평범한 목덜미를 깨물던
시간이 납작 눌려있다
외진 팽목항 쪽으로 간절히 기도하는 손끝을 물어뜯고
아프리카 코흘리개 파리 앉은 얼굴의 스크린을 짓밟고
들녘에 펴놓은 양은그릇의 밥알을 넘보다 똥을 깔리고
순한 소의 넓은 등을 타고 놀다 시시로 뜯어먹고
북장사 범종이 깊은 울음을 풀어놓을 때
흐르는 푸른 종의 시간 밖으로 어질어질 달아나다
벼랑길에 앉은 작은 꽃과 잠시 내통하던

한 생이
순간의 발밑에 납작 눌려 있을까

신성불가침의 영역이 피범벅이 되었을까

가고 싶지 않은 곳에
어쩔 수 없이 걸어간 발처럼
들 수도 밟을 수도 없는

귀를 기울이게 하는 소리

깊숙이 들어온 햇볕 쪽으로 눕는다
볕이 고요하다
잠긴 문 밖, 계단을 걷는 발소리 들린다

어디로 가는 것일까

쇠가 박힌 듯 짧고 강한 소리
끊일 듯 이어지는 소리

저렇게 소리를 내지르는 근본은
신의 바닥일까
계단일까
구두의 뾰족한 굽일까
계단 끝의 모난 쇠일까

점점 가늘어지며 희미해지는 소리가 한 층을 벗어나고 있다
귓바퀴가 배추포기처럼 겹겹 오므려진다

|해설|

현상을 따라가다 만나는 본질의 말

— 김설희의 시세계

이경림 | 시인

현상은 본질이 선택한 가시적 형식이라 할 수 있다. 그러므로 현상은 곧 본질의 말이라고 해도 좋을 것이다. 세계는 존재들이 현상으로 나타나고 사라지는 들판이다. 보르헤스의 단편 신의 글에 나오는 주인공은 자신(인간)을 囚人으로 소개하고 '신은 세상의 마지막 날에 많은 재난과 화근이 일어날 것을 예감하고, 창조의 첫날 그러한 불행을 피하기 위해 필요한 마술적인 문장 하나를 짓고 그것이 세상의 마지막 날을 준비하게 될 세대들의 손에 들어가고 우연에 의해 침탈당하지 않도록 하는 장치를 덧붙여 놓았다'고 했다. 그리고

'그것은 비밀스럽게 간직되어 있고 선택된 어떤 사람이 읽게 될 것'이라고도 했다. 그러나 자신은 이미 그 글을 보았음에도 불구하고 그것을 깨닫지 못했는지도 모른다고 했다. 그가 결국 깨달은 것은 세상 모든 존재가 신의 글 일지도 모른다는 사실이었다. 일테면 한 그루 나무, 산, 개 한 마리, 지나가는 바람, 구더기가 들끓는 쓰레기통, 아니 어쩌면 자신이 바로 신의 글일지도 모른다고. 이것은 자신의 시론을 소설화시킨 것이지만 이 소설의 핵심은 '현상이 바로 메타포'라는 사실이다. 그리고 신의 글인 그 현상들을 읽을 선택된 사람이 바로 시인이 아닐까 생각해 본다. 말을 하지 못하는 고양이나 개 같은 동물들의 일거수일투족을 보면 시시각각 변하는 그들의 몸(현상)이 모두 말이라는 걸 알 수 있다. 이것은 비단 동물 뿐 아니라 식물, 혹은 무생물에서도 마찬가지라 생각된다. 그들은 온몸으로 말하고 있는 것이다. 온몸으로 흔들리며, 물을 뚝뚝 흘리며, 잎을 비들비들 말리며 나뭇잎을 떨구며 이끼를 키우며 말하고 있는 것이다. 현상 자체가 말이라는 걸 깊이 인식한 사람은 主客의 논리로부터 자유로워진다. 그에게 나는 너이며 그이며 그것과 다르지 않다. 주객이 사라진 세상! 그것이 자유가 아닌가. 시는 自由라는 말과 그 궤를 같이한다. 즉 스스로 말미암아 흘러나오는 말이라고나 할까. 바로 본질의 말이라는 뜻일 것이다. 시인의 눈은 본능적으로 현상을 쫒아다닌다. 현상의 추적자인 시인의 눈은 집요하고 섬세하다. 어쩌면 시를 쓰는 행위는 현상과 술래잡기를 하며 정신없이 노는 과정이라고 생각해도 좋겠다. 몽테뉴는 그의 저서 『에쎄』에서 '내가 고양이를 데리고 노는 것인가 고양이가 나를 데리고 노는 것인가' 하고 묻는다. 나도 묻고 싶다 시인이 현상을 데리고 노는가? 현상이 시인을 데리고 노는가? 현상은 시인 앞에 던져진 한 마리의 고양이다. 아니 반대로 시인이 현상 앞에 던져진 한 마리 고양이인지도 모른다. 나는 그 둘을 구분 짓는 경계가 사라지는 지점이 시가 탄생 되는 지점이 아닐까 생각해 본다. '논다'는 개념은 어쩌면 시의 근본 개념인지도 모른다. 詩는 관념과 실제가 어우러져 벌이는 한 판 놀이다. 사랑, 슬픔, 즐거움, 그리움, 안타까움, 격정, 욕망, 불안 등 인간을 지배하고 있는 온갖 관념들과 그것들로 인하여 인간에게 불어닥치는 시시각각의 시간들이 그 어떤 말로도 설명될 수 없는 시라는 장르를 만들었는지도 모른다.

김설희 시인은 누구보다 성실한 현상의 추적자다. 그의 시에는 구구한 설명이나 수사 혹은 자기 해석 따위가 없다. 그는 그저 일상 속에서 부딪히는 현상들을 담담히 쫒아가다 보너스처럼 만나는 그 너머의 것들을 신기한 듯 보여줄 뿐이다. 일상(현상)은 한 순간도 같은 모습을 하지 않는다. 그러나 그 변화무쌍한 일상 중 하나의 현상을 선택하고 집요하게 따라가다 그 속에 감춰진 메타포를 읽어내는 일은 결코 쉬운 일이 아니다. 그것은 세계를 보는 시적 자질이 없으면 불가능한 일이다. 그녀는 놀라운 시적 감수성을 가진 시인은 분명 아니다. 그러나 그는 그 놀라움의 자리에 성실함을 앉히고 우직하게 그리고 집요하게 걸어가는 시인이다. 해서 그녀의 시는 과학적이라 해도 좋을 만큼 섬세하고 정직하다. 한 사물 혹은 잠깐 스쳐가는 현상을 볼 때 그는 절대로 자신만의 상상으로 꾸며대지 않는다. 현상과 본질이 어떻게 만나며 그것이 무슨 말을 하고 있는지 꼼꼼한 관찰을 통해 보여줄 뿐이다.

포장의 끝은 매듭이다

내용물이 둥글든 길쭉하든 사각이든
잘쏙하게 리본이 장식한다

리본을 나비의 시조라 해도 될까
어디든 날아갈 수 있는 비단

잠자리 소쩍새 메뚜기 두루미……
날개를 들어 자신을 옮기는 것들

당신의 몸 어디에 리본이 있어
여기서 저기로 꽃소식을 옮긴다면

활짝 날개를 펴고
내용 모를 소문이 닫혀 있다

마음 가는 데로 무릎이 난다
나비처럼 훨훨

저 무릎
어디로 건너가는 징검돌인가

꽃집 아가씨가 꽃다발을 묶는다
날개처럼
저 무릎

—「무릎」

이 시에서 특히 눈길이 가는 것은 '리본을 나비의 시조라 해도 될까?' 하는 부분이다. 일반적이고 관습적인 사고 체계에서는 '나비를 리본의 시조라 해도 될까?'라고 해야 맞다. 그런데 시인은 나비의 시조가 리본이라고 말한다. 이 부분에서 우리는 발상의 전환 혹은 전복적 사고가 累代를 이어온

유전공학적 체계를 너무도 쉽게 뒤집어버리고 뜻밖에 헤테로피아적 세계를 보여줌으로서 기존의 모든 체제를 흔들어 놓는 것을 볼 수 있다. 즉 리본이라는 무생물이 나비의 시조가 됨으로서 생물인 나비가 자연스레 어디로든 날아갈 수 있는 비단(무생물)이 되고야 마는 것. 말과 사물에서 푸코는 헤테로피아는 언어를 은밀히 전복하고 이것과 저것에 이름 붙이기를 방해하고 보통명사들을 무효가 되게 하거나 뒤얽히게 한다고 말했다. 무생물과 생물의 경계가 없어지고 나와 너와 그것과 저것이 동격이 되는 세계, 그것이 헤태로피아가 아니고 무엇인가? 그는 날것(생물)들은 모두 몸 어디에 리본을 숨기고 있다고 말한다. 그리하여 어느 날 그에게 날개를 활짝 펴고 내용모를 소문을 담고 있는 상자하나가 날아든다. 선물이 마치 나비처럼 날아온 것이다. (이 부분을 보면 인간도 어쩌면 몸 어딘가에 날개를 활짝 편 리본이 숨겨져 있는 선물상자인지 모른다는 생각이 든다.)

만일 인간이 날개를 숨긴 선물상자라 생각하면 생을 유지하기 위한 인간의 노역의 상징인 양 무릎은 날개일지도 모른다고 그는 생각한다. 그렇다면 그 무릎은 어딘가로 건너가는 (시간의 이동) 징검돌일지도 모른다고. 이 부분에도 리본-나비-무릎-어딘가로 건너가는 징검돌로 생물과 무생물 혹은 관념인 시간까지 마치 몸이 있는 존재처럼 넘나드는 그의 자유자재한 사유를 볼 수 있다.

다음에서 우리는 생이라는 관념을 활 쏘는 행위로 가시화하여 사실적으로 보는 듯한 느낌이 들게 하는 시를 볼 수 있다.

화살을 장전하고 있다
팔을 들고 시위 당길 준비를 한다
네가 중심이다
중심은 과녁이 될 수 없다
과녁은 너의 바깥에 있다
과녁은 네모
과녁은 세모
과녁은 동그라미
나무도 풀도 과녁이 된다

시위는 저절로 튕겨나갈 수 없다
너는 네가 겨누는 반대 방향으로 최대한 당긴다
비록 화살이 과녁의 중앙을 빗나가더라도
안에서 밖으로 내지르는 소리처럼
안에서 밖으로 심호흡을 한다

네가 겨누는 과녁은 망망 푸름이 끓는 곳
사람이 많이 모이는 어느 행사장

밥이 무르익고 고등어 냄새가 골목을 적시는 햇살식당
누추하나 눈 맑은 사람이 말없이 집어주는 수저가 있는 식탁

여기, 팽팽하게 당겨진 화살이 날아가 꽂힐 자리까지가 우리의 거리
말랑말랑한 허공이 곡선으로 휘어질 거리
갈라지고 깨지고 분리되지 못할 거리

우리가 서로에게 쏜 화살처럼
휘어진 거리

—「과녁은 너의 밖에 있다」

위의 시에 나타난 주요 모티브는 화살, 과녁, 너, 그렇게 셋이다. 그런데 눈여겨보면 그의 활쏘기는 좀 이상하다. 처음에는 너라는 중심을 향한 활쏘기로 시작하지만 그는 이내 중심은 과녁이 될 수 없다고 말한다. 왜일까? 이 부분에서 유의해 보아야 할 부분은 '너'가 누구일까? 하는 것이다. 그런데 그 다음을 보면 너는 실체가 없는 2인칭 대명사임을 알 수 있다. 마치 '세상'이라는 말처럼. 그리고 그 다음 행인 '과녁은 너의 밖에 있다'는 구절에 이르면 너는 곧 나일 수도 있겠다는 생각이 드는 것이다. 자신이 자신을 쏠 수는 없으므로 너는 아니 나는 과녁이 될 수 없다. 과녁은 늘 너의,

아니 나의 밖에 있는 것이다. 그러면 그가 말하는 과녁이란 무엇인가? 시인의 탐색의 대상이 되는 것, 그의 식으로 표현하면 세모, 네모, 동그라미, 풀, 나무, 아니 삼라만상이 모두 그의 과녁인 것이다. 그러나 생이라는 화살은 늘 자신이 겨누는 반대 방향으로 날아가는 것, 인간이 겨누는 과녁이란 늘 들끓는 저자이며 죽어도 놓지 못하는 가정이라는 허공이다. 그곳을 그는 '망망 푸름이 끓는 곳' 즉 허공이라 말한다. 그는 말한다. 팽팽하게 당겨진 화살이 날아가 꽂힐 자리까지가 우리의 거리이며 그곳은 말랑말랑한 허공이 곡선으로 휘어질(막다른 지점) 거리이지만 또한 그곳은 갈라지고 깨지고 분리되지 못할 거리라고 말함으로서 이생이 우연이 아닌 필연의 장소이며 인간이 건너야할 시간임을 말하고 있다.

다음 시에는 실로 찰나적인 사건 속에 숨겨진 생의 비의를 슬로 모션으로 보여주고 있어 읽는 이의 가슴을 처연하게 한다.

> 퍽,//유리문에 머리 박힌 새 한 마리, 가던 길을 틀어버린다 보도블록 바닥이다//피 한 방울 안 보이는데 바닥이 써늘해진다/엉겅퀴 꽃 같은 소름이 와와 일어선다//날개 끝에서 바닥 사이가 흐르는 물처럼 길다/삽시간이다//그 속에서, 새 한 마리가/찬 바닥을 미친 듯 돈다/또 한 마리 엎어진 새를

두고 허둥허둥,/가까운 전깃줄에 올라앉는다//새의 무게만큼 허공이 출렁거린다/공중도 쉼터가 되는가/불안不安이 불안佛眼에 든다//낭창낭창 외줄을 건너가는 맨발의 구름/날갯죽지 늘이고 깔딱거리는 숨을 지나간다//날개도 꽁지도 고요한 곁을/오래도록 서성이는 선분 하나/균형 잡힌 모서리가 무너질 것 같다

—「두 선분의 끝이 마주하여야 균형 잡힌 모서리가 된다」

새 한 마리가 유리창을 허공으로 잘못 알고 부딪혀 머리를 박고 바닥에 떨어져 죽은 것이 그가 본 현상의 전부다. 불쌍하다고 가슴이 아프다고 엄살을 떨거나 아니면 무심코 지나쳐 버릴 수도 있는 이 찰나적인 시간 속에서 날개 끝에서 바닥 사이가 흐르는 물처럼 긴 시간을 본다. 불과 몇 미터의 높이…… 그것이 생과 사의 아득한 거리다. 시인은 生과 死가 전깃줄 위의 앉은 새의 시간처럼 보이지 않는 가는 선분 위의 얹힌 시간에 불과 하다는 걸 발견한다 그리고 '공중도 쉼터가 되는가' 묻는다. 그리고 잠시 동료 곁을 동동거리며 맴돌던 새의 불안不安이 불안佛眼에 드는 것을 본다. 그리고 잠시 함께 佛眼에 든 시인에게 '낭창낭창 외줄을 건너가는 맨발의 구름이/날갯죽지 늘이고 깔딱거리는 숨을 지나'가는 것이 보인다. 그리하여 시인은 스스로에게 '두 선분의 끝이

마주하여야 균형 잡힌 모서리가 된다'는 깨달음에 찬 결론을 들려준다. 그렇다면 이 사건에서는 결코 마주 할 수 없는(생과 사)의 두 선분은 끝내 균형 잡힌 모서리를 가질 수 없다는 비극적 결론에 이르는 것은 아닌가? 그러나 그것이 生과 死가 안고 있는 근원적인 딜레마인지도 모른다.

위에서 살펴본 것처럼 그의 시편들은 기하학적 혹은 과학적이라 할 만큼 정교한 틀을 가지고 있는 것이 특징이라 할 수 있다. 섬세하고 정교한 사실에 근거를 두고 현미경으로 들여다보듯 극사실적인 현상들을 꺼내 보여주는 일이 그가 하고 있는 주된 작업인 것같기도 하 다. 아래의 시도 그런 방법론과 맥을 같이 하고 있다고 볼 수 있다.

손톱처럼 자라나던 어떤 소리 하나가
자정 너머까지 물장구질을 한다
평일에 들어보지 못한 언어들의 발자국이 깊다
앉을 자리를 찾아 떠도는 소리들이 잔뿌리를 내린다

듣지 않아도 들리는
가느다란 소리의 뿌리들이 빈틈없이 살아나고 있다

내 속에서 소리가 일어서고 있다
소리를 따라 거리를 누빈다

〉

하늘 어디쯤에서 내어준 언습일까
바람의 넓은 등에 금방 지워질 기록을 쓴다

몸에서 몸으로 넘나드는 소리의 내면
거처도 없는 낱말들이 낯선 몸들을 건너간다

—「환청」

환청이라는 제목이 달려 있지만 耳鳴을 썼을 것 같은 이 시에는 귓속에 하나의 세상이 있어 그 속에서 눈곱만한 소리들이 한 우주를 이루고 와글거리며 살고 있는 듯한 느낌을 준다. '평일에 들어보지 못한 언어의 발자국이 깊다'라는 시구 속에는 마치 지구 속의 인간들처럼 소리라는 존재들이 와글거리며 귓속 세상을 지나다니는 소리가 들리는 듯하다. 그 소리를 시인은 '앉을 자리를 찾아 떠도는 소리들이 잔뿌리를 내리는 소리'라고 한다. 이 문장에서 소리의 자리에 인간을 앉혀보면 금방 그 귓속은 인간의 세상이 되는 걸 알 수 있다. 그리하여 그는 그 세상도 이곳 인간의 세상처럼 '거처도 없는 낱말들이 낯선 몸들을 건너'다니는 곳이라 생각하는 것이다. 소리라는 觀念이 마치 인간처럼 캄캄한 귓속 세상에서 어떻게든 뿌리내리려 안간힘을 쓰는 것이 보이는 듯하다.

이렇게 그는 사물이나 인간 혹은 관념에까지 경계를 두지 않는다. 그 모든 것이 성주괴멸의 과정을 거쳐 가는 찰나적 존재들에 불과하다는 점에서는 같다는 인식을 가지고 있기 때문일 것이다. 다음은 한 연극 공연을 보고 쓴 시인데 생의 본질적 모습이 염쟁이 유씨가 벌이는 연극 속에 그대로 나타나 있어 씁쓸한 미소를 머금게 하는 시이다.

> 그는 삼십년 째 무대에서 염을 한다/사자의 밥으로 쓸 쌀 찾으러 간다며 병풍 뒤로 가서는/붉은 모자를 쓴 아들이 되었다가/백발의 아비가 되었다가/허공에 두 사람의 유령으로 펄럭이다가/꺼이꺼이 곡을 하다가/한탄을 하다가 문득/넋 놓고 보는 관객을 불러 세워 한풀이를 하기도 한다//그의 소품은/사람의 형상 하나/알코올/ 쌀 한 줌/소주 몇 잔/수의 한 벌/한 움큼의 솜//그가 형상의 뻣뻣한 몸을 꾹꾹 눌러 관절마다 반듯하게 펴는 동안/관객들은 한낮처럼 고요해지고/형상의 몸, 여덟 개 구멍마다 흘러나오는 한 생 썩은 물을/솜으로 틀어막고 마지막으로 항문까지 막을 때/곡소리 곡소리/관객의 웃음 같은 곡소리//여보게 이 몸뚱이가 썩은 물이었네 그려/이 퀴퀴한 냄새를 막고 있던 피부는 사기였네 그려//수천 년 썩은 물이 걸어다니며/학생이 되고 선생이 되고 계장이 되고 과장이 되고 부장이 되고 사장이 되었다가/마침내는 송장이 되었네 그려//제 형상 앞에서 그가 운다/오늘치의 각본

대로 운다

—「염쟁이 유씨」

인도 육파철학의 하나인 산키아 학파의 학설에 따르면 우리가 영화나 연극을 보며 울고 웃는 것은 자신이 주인공이 된 듯한 착각에 빠지기 때문이라고 한다. 그들은 '본질적으로는 우리가 생의 배우가 아니라 관객'이라고 말한다. 태어나면서부터 죽을 때까지 우리는 한 사람을 끊임없이 감시하고 또 그의 육체적이고 정신적인 컨디션을 함께한다고. 이 친밀한 동거는 우리로 하여금 자신이 곧 그 사람이라고 믿는 환상을 불러일으킨다. 영국의 작가 조셉 에디슨은 자신의 꿈 이야기에서 자신이 동시에 무대 뒤에서 연출하고 동시에 무대 위에서 연기하고 객석에서는 관객으로 객관적으로 바라보고 있는 모습을 보았다고 말한다. 위의 시는 그 꿈을 염쟁이 유씨라는 주인공을 통해 그대로 보고 있는 듯한 착각에 빠지게 한다. 이 시에 나타난 학생이고 선생이고 과장이고 부장은 모두 송장으로 귀결되는 공통점을 가지고 있다. 결국 그가 우는 것은 자신을 애도하는 울음이며 그 모두가 누군가가 짜 놓은 오늘 치의 각본에 지나지 않는 다는 그의 인생론이 아리게 와 닿는 시이다. 생의 막다른 골목에서나 눈치 챌 만한 이런 깊이 있는 사유는 그가 남다른 병고를

겪으며 온 몸으로 체득한 것이라 생각되기도 한다.

그리하여 그는 이곳(이녁, 이승)을 첫사랑, 그곳이라 지칭하며 다음과 같이 담담히 정리한다.

람사르에 오른 늪입니다

가시연 노랑어리연꽃 소리쟁이 개구리밥이 살아가는 곳입니다
소금쟁이들이 긴 다리로 물의 지붕을 긁으며 놀고
부들이 바람 앞에 부들부들 떠는 곳입니다
물속에 밝은 눈을 가진 물고기가
비늘을 빗질하고 아가미를 벌렁거리는 곳입니다
이따금 푸드득 물 밖으로 뛰어올라 물 냄새를 흩뿌리기도
하는 곳입니다

연꽃 필 때 연뿌리가 더 실해지는 곳입니다
꽃이 밥이 될 것이라 미리 상상하는 곳입니다
늪과 언덕의 경계에 갈대가 무리지어 사는 곳입니다

며느리눈알과 며느리밑씻개가 늪의 영역을 넓히고
토끼풀이 파랗게 눈 뜨고
천 년 동안 느티나무가 수로를 지키고 있는 곳입니다
〉

거슬러 올라가면
단발머리와 상고머리가 발목이 시큰하게 빠지는 곳입니다
—「첫사랑, 그 곳」

위의 것들은 모두 자연 그대로의 풍경을 그대로 옮겨놓은 것들이다. 그러나 한 행, 한 행 읽어가노라면 이상하게 가슴이 처연해 지는 것을 느끼게 된다. 마치 조사가 서쪽으로 가는 까닭은 무엇입니까? 하는 질문에 조주가 '뜰 앞에 잣나무다' 라고 하는 답처럼 '아무것도 아닐 것 같은 것들의 깊이'가 서늘하게 다가오는 시라 하지 않을 수 없다. 이곳이라고 불러야 마땅할 것 같은 곳을 그는 구태여 그곳이라 불렀다. 이곳과 그곳 이것과 저것의 거리가 필요 없는 곳, 그러나 그는 그곳이라 거리를 둔다. 마치 지나간 첫사랑처럼. 그러나 우리는 이 순간도 그곳에 연신 발목이 시큰하게 빠지며 어디론가 가고 있다. 잠시 후면 첫사랑이 될 것들에.

앞으로 그가 쓸 시편들을 통하여 찰나적으로 지나가는 시의 번갯불을 보여 줄 날을 기대해 본다. 모든 흐름은 멈추지 않고 시간은 정지하며 자기 자신으로 가득 찬 시간이 거기 있는 시를!